날씨 하나를 샀다

날씨 하나를 샀다

시인수첩 시인선 053

이서화 시집

여우난골

| 시인의 말 |

새가 입을 열었다 닫는 사이에
놓친
이삭의 시를 줍겠다고 나섰다
아직 들판은 자기 일 끝나지 않았다
먼 곳과 가까운 곳을 염두에 둔 사이
씨앗들은 월동으로 이동이 한창이고
곳간들이 먼지의 틈마저
비워내려 할 때
나는,
줄곧 사용하던 날씨를 버리고
다른 날씨를 산다

어느 계절에 소속된 날씨인지
가늠조차 되지 않는,

2021년 초겨울

이서화

| 차례 |

시인의 말 · 5

1부

날씨 수리공 · 13

비로소 · 14

바람의 집 · 16

실뜨기 · 18

책 · 20

인장 · 22

서 있는 것은 무겁지 않다 · 24

흔들리는 채광 · 26

투명에 대하여 · 28

먼지의 힘 · 30

회전초 · 32

구극법 · 34

땅콩의 방 · 36

청춘 · 38

2부

가을의 내재율 · 43

크레이터 · 44

동태의 귀환 · 46

줄다리기 · 48

궁지라는 곳 · 50

책들은 말더듬이 · 52

호루라기 · 54

이마는 봄처럼 따뜻하고 · 56

속셈 · 58

부슬부슬 · 60

쉬는 바퀴 · 62

생물을 읽다 · 64

줄 서는 일 · 66

귀로 듣는 새 · 68

3부

수소문 · 73

걷는 사람 · 74

벌레집 허물기 · 76

오줌 누는 달 · 78

사람이 숨은 사람 · 80

점멸의 시간 · 82

리뷰 · 84

모서리 증후군 · 86

건배 · 88

무너지고 싶은 탑 — 피사의 사탑 · 90

예레바탄 사라이 · 92

나자르 본주 · 94

로즈 밸리 · 96

4부

춤추는 바위 · 101

탈수 · 102

그림자의 집 · 104

왼호미 · 106

얼지 않는 밥 · 108

수성사인펜 · 110

가을의 지지율 · 112

석이버섯 · 114

칡 이야기 · 116

버스 갤러리 · 118

재활용의 봄 · 120

폐가 조립법 · 122

망태버섯 · 124

해설 | 정재훈(문학평론가)
먼지와 시, 그리고 날씨에 관한 구매 후기 · 125

1부

날씨 수리공

 부러진 빗줄기가 흩어진 눈송이를 본 적 없지만, 날씨를 수리하는 수리공을 본 적은 있다 양동이에 빗물을 받거나 지붕에 쌓인 눈 더미를 치우는 수리법이 아니라 날씨들의 뒤끝, 우산이라든가 눈이 녹지 않은 오르막에 모래를 뿌리는 일을 하는 수리공을 많이 봤다

 서둘러 장독 뚜껑을 덮거나 빨래를 걷는 일도 알고 보면 날씨를 수리하는 일이다

 앞서가는 절기들에 도착하는 계절 모두 수리하고 손을 봐야지만 싹이 트고 까끄라기가 생기고 보리숭어들이 연안을 지나간다 고인 물의 물꼬를 트는 일, 새가 둥지를 떠나는 일도 모두 관련이 있는 것 날씨 수리는 끝이 없고 계속된다

 무엇보다도 절그럭거리는 빗줄기를 허리며 어깨에 넣고 있다가 비가 그치고 개이면 씻은 듯이 났던 그런 수리공이 그중 제일이었다

비로소

비로소 보이는 것들이라는
글귀를 읽을 때마다
반드시 도달해야 할 그 어떤 곳이 있을 것 같다
그 비로소는 어떤 곳이며 어느 정도의 거리인가
비로소까지 도달하려면
어떤 일과 현상, 말미암을 지나고
또 오랜 기다림 끝에 도착할 것인가
팽팽하게 당겨졌던 고무줄이
저의 한계를 놓아버린 그곳
싱거운 개울이 기어이 만나고야 마는
짠물의 그 어리둥절한 곳일까
비로소는 지도도 없고
물어물어 갈 수도 없는 그런 방향 같은 곳일까
우리는 흘러가는 중이어서
알고 보면 모두 비로소,
그곳 비로소에 이미 와 있거나
무심히 지나쳤던 봄꽃,
그 봄꽃이 자라 한 알의 사과 속 벌레가 되고

풀숲에 버린 한 알의 사과는 아니었을까
비로소 사람을 거치거나
사람을 잃거나 했던
그 비로소를 만날 때마다 들었던
아득함의 위안을
또 떠올리는 것이다
벌레가 살아서 내게 기어 온다

바람의 집

사북*이라는 말, 접힌 것들이 조용히 쉬고 있는 곳

접린의 힘을 가진 나비는 날갯짓 횟수가 정해져 있다고 한다 그 몸을 열어보면 다 풀어진 사북이 들어 있을 것이다

맨 처음 가위는 풀들이 겹치는 모양에서 본을 따왔을 것이고
가윗날 지나간 옷감은 그래서 펄럭일 줄 안다

쉬이 맞물리지 않는 나무들에서 헐렁한 가위 소리가 난다
접점의 날이 만나면서 툭툭 떨어지는 호두나무 몫의 바람은 날카롭다
부챗살이 접혔다 펴질 때마다 더위는 종이로 찢어지고 바람은 모두 사북으로 몰려가 있어 떨어지지 않는다

가을, 들판의 풀은 허리가 겹치면서 늙어간다

계절에도 키가 있다면 여름에 모두 자랄 것이고 바람을 거둬들이는 즈음을 사북이라 부르면 될 것이다

눈 밟는 소리에 몰려가 있는 사북사북
걸어간 발자국은 양날의 흔적이다 흰 전지(全紙) 한 장을 가르며 지나가는 가윗날의 흔적이다
걸음의 문양에 한동안
매운바람 소리가 들어 쉴 것이고
여러 해가 지나서
따뜻해지면 그 발자국을 신고 떠날 것이다

---

* 접었다 폈다 하는 부채의 아랫머리나 가위다리의 교차된 곳에 박아 돌쩌귀처럼 쓰이는 물건을 이르는 말.

실뜨기

두 사람이 실뜨기를 한다

한 사람은 능숙하고 또 한 사람은 어설프다

거미같이, 실뜨기는 두 사람을 벙어리로 만드는 말, 질문을 던지고 또 다른 질문이 대답을 한다

손과 손을 건너다니는 말,
바람의 언어다

민들레 씨앗, 날틀, 쟁반, 젓가락, 베틀, 소의 눈, 가위줄, 물고기, 톱질
손과 손을 건너다니던 선명한 무늬들

앞사람의 가슴에 별이 그려질 때, 별을 받아 젓가락을 만들고 젓가락은 베틀을 만들고 처음 보는 무늬들이 복잡하지만 어쩌다 풀어지거나 엉키는 대목에서 한 사람은 제 가슴을 친다

실뜨기를 끝낸 두 사람
실은 어디에도 없지만 마음에는
수만 가지의 무늬가 남아 있다

책

후줄근한 차림의 남자가
지하철 바닥에 앉아 무소유를 읽고 있다
책 속에 눈을 묻고
도시의 바닥은 남자의 자유로운 도서관인 듯
집착과 소유와 덜컹거리는 속도와
레일 간격 행을 바꿔가며 읽고 있다
책에 대한 집착이 지문처럼 남아 있고
책에 대한 소유로 표정은 진지하지만
소유의 겉장쯤은 버린 지 오래인 듯
저 책과 남자는 적어도 한 삼만 광년을 떨어져 있는 것 같다
욕심과 집착이 없었다면
수소문 끝에 사층의 계단을 오르고
단과반 과외를 찾아
남자의 아내는 나머지 학원을 뒤지지 못했을 것이다
도시의 변두리 끝, 낡은 빌라 한 칸마저
남아 있지 않았을 것이다
그러니 저 남자에게 욕심과 집착은

최저 생활비고 마이너스 통장이다
남자의 왼쪽으로 천천히 들어오던 전철이
오른쪽으로 빠르게 지나가고
전철 진동에 남자는 조여졌다 다시
풀어지기를 반복하지만
더 이상 소유물이 없는 저 책에서
지친 문구의 광고 한 구절이 빠져나간다

인장

붉은 글자를 볼 때마다
꾹 눌러진 힘을 생각한다
아무 생각 없이 많은 이름을 눌러썼다
어느 날 꾹꾹 눌러진 이름들 일어서서
뛰어다니고 있는 것을 상상한다
무엇을 증명하거나 고리를 만들 때 이름은
피 묻은 이름이었다는 생각을 했다
눌러진 이름을 불러 세우면
어느 왕족도 일으킬 수 있겠다는 생각
눌러쓴 글자는 더 경건해 보이기도 하다

아침이면 시골집 밭으로 지나간
온순하거나 불안한 발자국들
밭에는 무수한 막도장 자국이 찍혀 있다
아무렇게 찍은 도장 자국들을 보면
불안한 귀가 쫑긋거렸을 장면이 떠오르고
야행성의 허기가 가득 들어 있는 이름들이 떠올랐다
둔덕에서 사라진 발자국은

건너편 가장자리에서
다시 불안한 얼굴로 엉켜 있다

도장 찍힌 문서를 넘기다 보면
풀포기 젖혀지는 소리가 들린다
드문드문 찍혀 있는 인장 속에 갇힌 이름
산딸기 줄기마다 피 묻은 도장 자국 붉게 찍혀 있다
꼼짝없이 갇혀 붉게 열리는
이 지루한 송사에는 마침표가 없다

서 있는 것은 무겁지 않다

모든 것들의
서 있는 무게와 누워 있는 무게가 다르다
서 있는 무게의 흔들리는 힘은
누우면 감당의 힘이 된다

서 있는 철근은 건물을 지탱하는 힘
자잘한 흔들림을 견디는 힘

그렇다면 세상의 집은
그 철근의 힘에 기대고 있는지
혹은 감당하고 있는지
궁금할 때가 있다

지구에 서 있는 나무들의 무게를 잴 수 없지만 벌목된 나무들 실어 나르는 트럭의 마력을 재면 세상의 이동하는 무게들 잴 수 있을 것이다

사람은 걸어 다니면서

자신의 무게를 소진하고 간다
그런 한 사람이 죽고 몇 명의 장정들이 들어야 하는
저 무게는 사람이 사람을 버린 무게
그 어떤 미련도 없는 무게

흔들림이란
저 남자의 중심이다

서 있을 때 가족을 끌고 가지만
누우면 가족의 처지에 끌려가는 무게
흔들면, 흔들리는 가벼운 무게들이란
모두 서 있는 것들이다

흔들리는 채광

나뭇가지는, 나뭇잎은
어떤 도구일까 생각하다
흔들리는 채광판이라는 결론을 내렸다
나무를 키운 대부분의 햇살은
흔들린 햇살이고 햇볕인 셈이다
햇살에도 앞뒤가 있어
생선 뒤집어 굽듯
앞뒤 골고루 햇살 뒤집어 채광했을 테니
나뭇잎들은 지구의
각종 온도 보관함인 셈이다
빨간 온도 파란 온도
그리고 잿빛의 온도로 나뉘어
넘치거나 불필요한 온도를 보관했다가
널어놓은 고추에, 빨래에
적절하게 나눠주는 것이다
태풍엔 햇살이 섞여 있지 않아
가을이 되면 저 천연의 채광판들이
떨어지는 것도 나무들의 양보이지 싶다

햇살 모자라는 저의 슬하에
푸른빛을 동경하듯 중얼거리며 지나는
빛을 가만히 눈여겨보았다가
푸른 높이로 불러올리는 것이다
흔들리는 이파리에서
즐거운 햇살이 와르르 쏟아진다

투명에 대하여

투명의 값은 비싸다
바라보는 전망,
넓은 유리 창문이 그렇다

투명에 뛰어들어 죽은 새들
투명은 환한 것들로 가득 차 있다
유리는 새들의 발명품이나
새들의 전망이 아니어서
때로는 투명한 죽음이 된다

투명 속에 아찔하고
위험한 것들이 가득하다
물의 투명은 물의 깊이가 되고
풍경의 투명엔 자칫
산산이 조각나는 파편들이 있다
이렇게 큰 맹금류는 본 적이 없다고
새들은 죽어가는 순간에도
그 가벼운 고개를 갸웃거릴 것 같지만

투명에 부딪힌 새는
유리보다도 더 투명한 죽음이
계속 궁금하다

사람의 발명에는
사람만이 알 수 있는 위험들이 있지만
새들에게는 치명적인
비행의 지뢰밭,
병(炳)의 한 종류들이다

먼지의 힘

오래 걸려 있던 액자 위로
손가락을 그어본다
숨어 있던 사선이
손끝에 먼지로 묻어난다
그 미세한 층의 먼지 속에는
참 여럿의 시간이 뒤섞여 있다
책상 모서리와 말라죽은 화분의 식물
방금 외출을 끝낸 외투의 귀가도 섞여 있다
먼지 속에는 시대와
종류를 가리지 않는 혼합성이 있다
한 가지로 된 먼지는 없다
섞임과 섞임을 거쳐서
내려앉은 한 겹의 먼지란
두루두루 친밀하다
종을 따지지도 않고
방향을 따지지 않는다
다만 부서지고 흩어지는 것들이라면
그 무엇도 먼지에 동참할 수 있다

한 줄기 빛 사이로
반짝이는 먼지의 숨
부유하는 것들의 층층에는
얇은 날개들이 숨어 있다
옷을 탁탁 털면
내 몸이 내 몸을 급히 떠난다

회전초^{*}

티브이 다큐멘터리를 보다가
구르는 것에 멈춘다
아니, 풀들의 축구 경기를 본다
선수는 각 방향의 바람들이고
굴러다닐 수 있는 모든 곳이
그라운드

처음엔 마른풀 한 자락으로 시작해서
공은 둥글게 뭉쳐진다
바람에 얽혀
빵빵하게 든 공은 잘도 굴러간다
점수 체계와 상관없이
승패 없는 경기를 끝도 없이 하는
건기의 승부욕이란
정처 없음의 절정이 아닐까

회전초,
풀이라 하기엔 너무 말랐다

어쩌면 마른 들판이
건초를 입에 넣고 우물거리는 풍경일지도

봄밤에 가을 토너먼트를 본다
때로는 우르르
사막에도 이리저리 굴러다니며
생존을 위해 씨앗을 뿌리며 구른다
아무데서나 멈추다 다시 구르는 공

바람이 멈추는 곳이 골인 지점이다

* 뿌리에서 분리되어 바람에 굴러다니는 식물의 지상 부분으로, 뿌리가 없이도 식물의 기능을 수행하는 살아있는 생물이다.

구륵법

 강물로 테두리가 그어진 마을이 있다
 그 옛날 배고픈 화공이 섣불리 그은 선(線)이라
 한여름 장마철에는 가끔 넘치기도 하는 강
 딱 삼 년만 빌려 쓰자고 온 마을이었는데
 강은 제멋대로 자라고 우물들이 불시에 솟아나는 바람에
 사람들 모여 사는 마을이 되었다
 산들은 크기에 따라 서서히 마을에서 쫓겨났다
 큰 산은 가끔 구름을 저장하는 곳으로
 작은 야산엔 죽은 사람들을 묻었다

 최초의 이 마을은 구륵법으로 생겨났다
 처음에 하나의 작은 움막이었을 것이고
 이 안에 들어가서 가족이 되었다
 화전 밭에 불을 놓고 검은 선 안에는 감자를 채웠다
 마을에 몇 채의 집이 생기면서
 대들보를 이어 긋고 오랫동안 사람들로 채색되었다
 담과 우물, 구륵법 안에서 내 얼굴은 익숙하다

담 안은 물로 채색이 되면서
수종식물이 생겨났다
뒤란의 자두도 씨앗 하나 구륵법으로 숨기며 익어갔다
경사진 밭이 수평으로 이어지고
테두리 긋던 선을 땅에 묻고
채색된 논과 밭은 진화되어 다시 신생의 울음으로 태어났다

그림이 오래되면 선만 남고 희미해지듯
최초의 마을 사람들은 모두 사라졌다
여전히 강물은 짙은 선으로 휘감아 돌고
그 옛날 사람들이 들 때보다
마을은 그림보다 더 희미해져 간다

땅콩의 방

땅속에 군락을 이루고 있는
허리띠 바짝 졸라맨 방
포기를 뽑으면 많은 방이 줄줄이 올라온다
예를 들자면 다가구 주택들이고
타원형 방과 방 사이엔
건너다닌 적 없이 홀쭉하디

방 두 개를 얻어 사는데도
이렇게 허리띠 졸라매야 한다면
그건 방과 방 사이가
멀어질 수밖에 없는 일이다

모든 씨앗이 독채로 봄을 맞고
줄줄이 일가를 이루는
세상 모든 방이 다 이렇다면
날콩으로 비릿하다가
점점 고소해지는 것이라면
기껏, 껍질 속에서 더부살이로 지내다 가는

독방의 날들도 견딜 만하다
또 견딘다는 것
볕이 들지 않는 방에서
봄을 기다리듯

누가 옆방에서 똑똑 나를 두드린다

청춘

 청춘, 이라고 부를 때쯤이면 이미 청춘은 죽은 뒤다 저승보다 더 무서운 곳은 다시 돌아갈 수 없는 아득한 시간, 나는 이미 요절한 청춘을 알고 있다

 청춘, 신사용 자전거를 타고 학교에 다녔다 바퀴 속에 들어 있던 매끈한 튜브는 날카로운 돌부리나 뾰족한 것에 터지곤 했다 자주 땜질되었다

 자전거에서 넘어지고 나서 청춘이란 것을 알았다

 장롱 정리를 하다가 어릴 때 입었던 원피스 하나를 발견했다 좀약 냄새가 버무려져 있는 색 바랜 꽃무늬가 남아 있었다 청춘, 어른들은 모두 소인국을 지나서 왔다 무수한 시간 속 기억은 몇 년을 입어도 몸에 착착 맞았는데 어느새 작은 세계가 겹과 겹 사이를 지나왔다

 소인국을 지나온 기억이 비포장 하굣길처럼 남아 있고 둥글게 앉아 한 이불 아래 발을 집어넣고 있으면 표정은

섞이고, 서로 발이 닿으면 딴청을 부리던 이불속 소문이 사실을 끌고 늦은 시절까지 따라와 있곤 한다

 그것은 죽은 것들을 불러다 앉혀놓고 물어보는 일이다

2부

가을의 내재율

 울렁거리는 령을 넘고 재를 넘어온 내면엔 가을이 먼저 와 있었다 쓸쓸함만으로도 골짜기 하나와 지명 하나를 온통 채우고도 남는 내면의 내재율 휩쓸린 자국으로 물이 흘러가고 몇천 년을 헤맨 물은 맑아서 올가을 더 냉담하다

 내면은 언제부터 한적한 내재율을 품고 있었을까 굽이를 따라 조용히 내면을 빠져나가는 물줄기들 갈꽃에 들렀다 간다 사람은 보이지 않고 간간이 보이는 물의 뒤척임을 따라 아래들은 여전히 쉬지 않고 있다

 마음의 빈 곳들 저희끼리 아우성치며 몰려와 제자리 바람으로 붕붕 뜨는 곳 틈 어디로 뭉쳐 온 바람 들어와 돌개바람으로 돌고 있었을까 억새가 기우는 방향으로 단풍 사이로 또 물이 흘러가는 방향을 거슬러 왔다면 그곳의 지명들은 모두 내면이다

크레이터

크레이터,
저 멀리 칠레나
아르헨티나
달의 어디쯤인 것으로 알았다

암으로 가슴을 절개한 친구가 움푹 파인 근황을 들고 찾아왔다 봉긋한 마음을 열어 보일 때마다 움푹 파인 곳에서는 부연 먼지가 피어올랐다 한때는 끓이거나 볶지 않아도 몇 명의 아이들 배불리 키워낸 곳이었지만 이젠 그럴 일 없다고 웃었다

여진으로 섬 몇 개쯤은
밀물이 사라지고 썰물들이 휩쓸렸을 것이다

먼 곳에서 운석이 떨어진 자리 같은, 조만간 저곳에 물길이 찾아들어 찰랑찰랑 호수가 되고 풀이 돋고 버드나무가 자랄 것 같다

지구의 모든 크레이터, 젖먹이 서넛쯤 먹여 키운 가슴이 있던 자리 같다

크레이터가 몸에 생기고 친구는
자주 움푹움푹 발이 빠질 때가 있다고 한다

저 가깝고도 먼 나라

동태의 귀환

꽁꽁 언 상자들이 해류처럼 실려 온다
러시아 오호츠크해보다 더 추운 냉동 창고를 거쳐
동태들이 장마당에서 헐린다
저것은 어획된 해류다
흰 살을 가진 북방의 날씨다
생선 장수는 동태를 들어 올려
바닥에 내리치지만
날씨는 풀리는 것이지 떨어지는 것이 아니다
송곳으로 떼어내도 쉽게 풀리지 않는 동태는
단단히 무리를 지어 있는 중이다
믿을 건 추운 생태(生態)밖에 없다는 듯
꽁꽁 얼어 있다

추운 바다를 떠돌다 명태는 동태로 바뀌어
전국의 오일장으로 회귀한다

서서히 녹아 가는지 얼었던 몸이 풀리는지
장날 동태가 녹는 봄이다

두 마리씩 짝지어 놓은 좌판 위에서
잠시 말간 눈을 갖는 시간
불시에 잡혀 꽁꽁 얼린 채
오일장에서 처음으로 눈을 뜨는 동태
대부분의 회귀는 죽음이듯
죽었던 눈이 풀리면서
눈이 봄날처럼 끔벅끔벅한다

줄다리기

마을이 편을 가릅니다
아침저녁으로 갈리는 앞산의 양지와
뒷산의 그늘이 바뀌듯
윗마을과 아랫마을이 편을 가릅니다
이상하리만치 흥겹습니다
끌려가는 사람들이나 끌고 가는 사람들
겨드랑이에 낀 밧줄 하나로
그어 놓은 금을 넘지 않으려고
뒤로 젖힌 몸이 안간힘을 씁니다
태양이 어느 쪽에 있는지
볕가리개가 어느 쪽에 쳐져 있는지
읍내가 어느 방향에 있는지
버섯 농사 망친 골짜기 집이
어디로 야반도주했는지 모릅니다
힘을 모으는 구령 소리도
금 하나만 넘으면 와르르 섞입니다
옷에 흙이 묻고
팔꿈치가 까지고 신발이 벗겨집니다

그렇게 섞이는 겁니다
발로 쓱쓱 지우면 사라지는 금
이기고 지는 것들의 증거가 사라집니다
오늘 하루는 태양의 중심에서,
버티는 그늘에서 점심을 먹습니다

궁지라는 곳

모르겠다고?
우리는 누구나 한 번쯤
몰린 궁지에서 태어났다는 사실
그러니 어떤 궁지도
열 달을 넘기지 않는다는 것이다
그 열 달의 궁여지책 속에서
손이 생기고 눈과 입
그리고 울음이 생겼다는 것

허리를 한껏 구부리고 모로 누워서
그 궁여지책에 딱 맞는 자세로
더도 말고 한 달만 견디면
우리는 어디로든 벗어날 수 있다는 것
몰린다고, 몰렸다고 생각이 들겠지만
그곳에서 크고 있다는 것

궁지에 몰린 쥐가
구석을 무는 법은 없다

다만 출구, 그 출구 같은 고양이를
꽉 물고 죽을힘을 다해
나가려는 것 같아
우리는 우리의 뾰족한 울음을 앞세워
스스로 궁지를 벗어난다는 것

책들은 말더듬이

말을 심하게 더듬는 사람이
책을 읽을 때는 더듬지 않는다
참 이상한 일이라고 여겨지지만
세상 어느 필자치고
빈 종이 앞에서
더듬지 않은 적 있을까

고작 한 장 채우는 일
그중에서도 여백이니 행간이니
다 챙기면서도 하루를
훌쩍 넘기거나 이틀을 넘긴
그 더듬더듬 도착한
문장의 배열들

그러니 세상의 책들은
모두 말더듬이이지
무수한 가상의 입술을 움직여
더듬어 놓은 책

첫마디만 듣고도 그 의중을 알아채는
말더듬이의 갑갑한 말처럼
최선을 끌어모아 내뱉는
한 마디처럼

천천히 읽어야 하는
말더듬이 책,
더듬는 한 줄을 읽고
며칠을 앓는다

호루라기

호루라기 소리보다
빠른 걸음으로 뛴다
동그랗게 뭉쳐진 말 한마디가
내 입속에서 굴러다니던 일이 있었다
그때도 지금처럼 뛰어
순간을 무단으로 횡단했었다

높고 낮은음만으로도 무리를 지휘하고
입김 부력으로 음을 굴리는 저것은 날숨의 신호
그렇다면 숲의 질서는 새들의 부리 때문일까
새의 부리 속엔
빨간 열매들이 굴러다니는 것 같은데
나무들의 질서는 가지런하다
다정이 없는 영혼의 소리
호루라기는 짐승의 뼈에서 시작되었다고 한다
그것이 마치 울음 속에서
굴러다니는 눈알 같은 소리를 낸다
뭉쳐졌다 흩어지는 말의 기호를 흉내 내고

짧을수록 멀리 가는 소리에
실을 잃고 또 길을 잇기도 한다

교차로를 섞고 있는 저 소리
우두커니 서 있었던 곳들은 모두
호루라기 속에 갇혔던 순간들이다

이마는 봄처럼 따뜻하고

 허물을 벗는 존재들의 탈피 시간이란 달이 지구를 벗듯 조용하다

 며칠째 멈추지 않는 기침, 누가 말하길 목소리가 껍질을 벗는 중이며 저 안쪽까지 켜켜이 낀 가성(假聲)을 벗겨내는 중이라 했다

 내 귀에 잘 맞지 않아 윙윙 울리는 목소리의 말들이 따끔따끔하다

 뱀이 저의 긴 외부를 벗는 것이라면 목소리는 둔탁해진 저의 안쪽을 벗는 일이다
 껍질을 벗는 목소리로 내뱉은 말들은 그 모서리들이며 발음의 끝들이 푸릇하고 싱싱하다

 밭은기침 소리, 닳고 닳은 말들이 공중에 흩어진다 그럴 때마다 목에선 간질간질 꽃이 피는 중이라고 누군가 말했다

이마는 봄처럼 따뜻하다

속셈

지상의 파란 물기들이 말라갈 때
치켜세운 공중은 아직 할 일들이 남았다
우듬지쯤에서 물길을 끊은
넝쿨들은 더 이상 빗줄기를 따라 하지 않는다
이젠, 바람의 모색(摸索)을 들이고
헝클어져 있다

그중 노박덩굴 노랗고 불그스름한 속셈은 누구에게 보이는 것인가 현란한 속셈 꺼내놓고 뿌리는 야멸차게 그 문을 닫아걸었고, 보기에 따라서 민망한 속셈이지만 활짝 열린 구애는 새들의 언어다

새가 입을 열었다 닫는 사이
열매 하나 툭 떨어질 뿐
아직 들판은 자기 일 끝나지 않았다
먼 곳과 가까운 곳을 염두에 둔
씨앗들의 월동 이동이 한창이다
여름 내내 얽히고설킨 끝에 내놓은

속셈 중 남은 것은 얼마 되지 않지만
그래도 사람이 셀 숫자는 아니다

저것들은 쓸쓸한 겨울이거나
봄의 셈법으로 남겨두어야 한다

부슬부슬

흩어지는 것이다
아주 작은 체에 걸러지던 가루같이
물이 걸러지고 있다
장마, 냄새들이 서로 가까워진다
손을 휘저으면 잿빛 하늘이 만져질 것 같고
호박잎들 통통 불어 있고
살찌는 개울물이 깊어진다
핀 꽃들은 문을 닫을까 말까
망설이는 예민한 경계들이 있다
넘칠 듯 말 듯 망설이는 핑계들
장독 뚜껑을 열어놓을까 말까 망설일 때
벌레들이 단순한 주름을 만들 때
헛물이 드는 자두가 밍밍하고
그 헛물이 빠지고 안달복달하는
과일의 색깔들과
물이 미립자로 뒤척이는 소리
모종의 도모를 고를 때
멀고 먼 곳에서 출발한

물의 덩어리들이 허공을 손으로 만지면서
부슬부슬 부서지고 있다

쉬는 바퀴

자동차 트렁크에 바퀴 하나 숨어 있다
이끌려 가는 바퀴는 고작해야 한 이박삼일
달달달 소리를 내다 돌아온다

자의적 굴림이 없는 바퀴는
자기가 세워진 구석 한 번 움직이지 못한다

대형트럭에 매달려 자는 바퀴,
무게를 놓고 있다
과적 차량 단속을 만나면 다시 슬그머니 내려와 쉬는 바퀴
빵빵하게 푹신하게 무게를 싣고 갈 수 있다면
한 번쯤 불시에 터져도 좋겠다

무게를 느끼는 것은 바닥이므로
바퀴의 속도를 허용했을까
한 번도 사용하지 않은 숨어 있던 바퀴가
어느 날 불쑥 나를 어디로 데려갈지 모른다

동그랗게 몸을 말고 숨어 있던 것들이
차선을 넘을지도 모른다
숨어 있는 바퀴는 어느 바퀴의
회전축 하나가 고장 나길 바라는 것 같다

네 곳에 달린 바퀴들은 왜
한꺼번에 일탈하지 않을까

일탈하고자 하는 시간을 묵묵히 견디다 보면
바퀴엔 편 마모가 오고
막막한 길에서 기다리는 순간이
고립이, 트렁크처럼 서 있어도 좋을 것 같다

생몰을 읽다

응급 병동 입원실은 각지의
구급차 소리를 잠재우는 곳이다
링거 줄과 호흡기를 달고 있는 몸에
어지러운 상황 하나씩 달려 있다
응급처치가 끝난 침대 하나 병실로 옮겨진다
뒤를 따라오는 노인의 얼굴엔 생몰의 경계가 없다
환각에서 덜 깨어난 듯 젊은 여자아이
실눈을 뜨고 죽을 조금씩 받아먹고 있다
숟가락을 후 불어 다 식은 이승의 고민거리 한 숟가락씩
떠먹이는 괴기한 손이 가늘게 떨린다
몰래 다녀간 죽음의 식성으로
죽음을 토해낸 속으로
세상은 아직 살 만하다는 위로 같은
흰죽을 떠넘기고 있다
가혹하게 수군거리는 말도 함께 떠넘긴다
이내 숟가락을 바닥에 내동댕이치는 어린 피붙이는
철도 안 든 질문과 답을 이미 다 알고 있다
뒤집어쓴 이불이 들썩인다

죽음을 먹었던 사람의 모습이
감추어진 채 무덤처럼 들썩인다

죽음을 뱉어낸 여자아이는
한동안 날뛰던 생각을 접었다
헝클어진 머리를 바라보는 노인
불행이 쉬었다 지나간 눈엔 두 개의 측은함이 함께 들어 있다
비몽사몽 뱉어낸 황폐한 몸속이지만
위로 같은 쌀알,
꼬물거리는 흰 벌레들처럼 들어 있어
오늘 밤은 밥처럼 든든하겠다

줄 서는 일

어느 맥락이든
행렬이든 줄을 서는 일
그것엔 다 끝이 있기 마련이다

끝에서 시작하는 일
기다리다 보면
중간이 되고 맨 앞이 되겠지
맨 앞이라는 곳은
줄이 끝나는 곳이기도 하니까

끝에서 끝까지의 일이
곧 줄 서는 일이겠지
앞사람을 따라가다
다시 앞사람을 놓치는 일이겠지
언제나 끝에서 출발했지만
돌아보면 끝을 면하는 일
그 간신히 모면한 끝에서 다시
일어나 줄 서는 일이지

길게 서서 시간을 늘리거나
시간을 내놓는 일이지
최초의 묵인이거나
공평이거나 순서들을 생산해내는
공장 같은 것들이었겠지

시작과 끝이 함께 하는 일
그것들이 없다면
세상엔 줄 서는 일도 없겠지

귀로 듣는 새

여름새들은
나뭇가지 사이에서 새파랗게 운다
한 번도 본 적이 없는 새이지만
귀로는 너무도 익숙한 새
내 귀와 친한 그 새를
귀로 듣는 새라고 한다

울음소리가 가까우면 그건 외로운 새다
울음의 음절이 짧은 새들은 주로
봄이나 가을의 새들이고
여름의 새들은 울음의 음절이
낮의 길이만큼 길다

안쓰럽고 처량한 옛이야기들이
여름 숲에 울음으로 산다
짧은 동화를 구전하는 새들
옛 노인들과 왕래가 잦았던 새들의 울음은
왠지 사람의 말과 닮았다

솥 적다 솥 적다
쪽박 바꿔 주

울음만 익숙한 새들
한낮의 나무 그늘이 푸득,
울음소리를 따라갔다 돌아온다

3부

수소문

수소문은
소문을 찾는 일입니다

소문을 찾는 일이란 힘든 일입니다 잘생긴 소문이란 없지만 수소문은 누구에게나 간절해서 무수한 조각을 찾아 맞추는 일이기도 합니다 뒤를 찾으면 앞이 없고 팔을 찾으면 귀가 없는 그런 수소문, 소문은 집도 없고 잠잘 곳도 없지만 못 건너는 물, 못 넘는 산이 없습니다 이명처럼 윙윙대지만 말끝에 매달린 골목의 끝집이기도 하고 이미 오래전에 떠난 빈집이기도 합니다 그 수소문 끝에는 집 나간 딸이 있고 남편의 여자가 있고 팻말만 남아 있는 폐사지가 있기도 합니다 소문은 재빠르고 그 뒤를 쫓는 수소문은 한 걸음씩 느리곤 합니다

저곳에는
시치미를 떼는 일과 또 다른 발설
그리고 서둘러 닫는 귀가 있습니다

걷는 사람

온종일 걷는 사람을 알고 있다
그는 어느 곳에서나 걷는 사람이었으므로
어디에서나 목격되었다
유일하게 목격되지 않은 곳은
그의 집이었다
아무도 그의 집을 알고 있거나
본 적이 없었다

온종일 걷는 사람은 소문이 많았다
처음엔 소문이었지만 소문도 끊임없이
걷고 또 걷는 것이어서
차츰 영웅담이나 심오한
철학적 사유로 바뀌었고
깃털처럼 떠도는 수상한 수행 중이라는
추측까지 걷는 사람을 따라 걸었다
그가 걸어온 쪽에서 봄이 왔고
그를 따라 꽃이 졌다
걷는 동안 그는 누구와도 인사하지 않아서

세상에서 그를 아는 사람은 아무도 없었다
걷는 사람은 걷는 집에서 잠자고
걷는 나이와
걷는 혈육을 두고 있어서
그가 비로소 걸음을 멈춘 곳에서
끊임없이 걸은 걸음에 대한
작은 회고전이 열렸다

벌레집 허물기

거미 알주머니를 클릭하는 순간
무수한 발을 가진 댓글들이 흩어진다
클릭 한 번으로 모습이 변형된다
뛰던 동물이 날기도 하고 날던 동물은 다시
무릎을 접거나
손을 싹싹 비비는 파리처럼 변한다

깊숙한 식물 안엔 슬어놓은 알들이 있다
동물 사체를 작대기로 클릭하면 바글거리는
댓글들이 끝도 없이 달려 있다
날지 못하는 영혼들이다
여름 숲의 벌레들은
가을 근처에서 곤충의 울음으로 운다

숲은 간격이 촘촘해야 숲이라 부르며
그것은 마치 거대한 울타리 같아 보인다
숲은 서로 먹고 먹힌다
숲 밖과 안은 서로 무서워한다

바스락 소리에 놀라고 귀 기울인다
악성 댓글들이 난무하는 숲
멀리서 보면 숲의 상층부만 움직이고 있다

끊임없이 변태하는 것들만이 벌레에서
벗어날 수 있다고 믿는 벌레들
시시각각 변태를 향하는 충혈된 눈,
모니터 속으로 들어가려 클릭하는 붉은 곤충들

가을 숲을 클릭하면
상수리 열매들이 떨어져
숲 한 덩어리가 될 것이다

오줌 누는 달

절에서 일박은 고요해 숨어 있던 소리를 쉽게 들킨다

늦은 밤 해우소 가는 길에 본 길고도 긴 오줌 누는 소리, 몇 개의 돌확을 지나 내려오는 쪼르륵쪼르륵 흐르던 소리 내려올수록 고요해진다

한밤 참았던 요의는 어디로 흘러갔는지 고요한 돌확에 여러 개의 달이 들어 있다 어느 별에 가면 달은 몇 개의 밤을 흘러 다니고 바람이 불자 벚꽃 잎 우주선 착륙하듯 돌확에 내려앉는다

달밤의 절집 마당 가 누군가 달의 뒤로 돌아가서 오줌을 눈다면 엉덩이 뒤만 보이듯 달의 뒤를 볼 수 있을 것이다

제일 아래쪽 웅덩이에서 떠간 찻물이 졸졸 끓고 졸아들고 있다

힐끗, 돌아앉아 달이 오줌을 눈다

사람이 숨은 사람

숨어 있는 사람이 있다

잠깐 숨었다 가는 사람이 있는가 하면 아주 길게 나보다 더 나같이 숨어 있는 사람, 그런 사람들을 보면 간혹 다른 사람의 말투와 행동이 보이기도 한다

제 몸을 덮고도 조금 더 남은 옷을 고집하거나 자꾸 자신의 뒤를 넓히려는 사람은 그 안에
  다른 사람이 숨어 있기 때문이다

또 그건 누구나 한 번쯤 꼭 겪는 일이어서 맑은 날 그는 평소보다 더 넓고 큰 그림자를 갖고 있거나 옛날 우리 언니처럼 마음을 품었던 담장 밖을 귀담아듣기도 한다

사람은 누구나 사람 속으로 숨는다

자신에게 거짓말로 숨는 사람, 눈치 속에 숨는 사람
그러다 가끔은 불쑥,
사람 속에서 사람이 튀어나오기도 하는데
그땐 사람의 말로 난무하는
만상이 펼쳐지는 것이다

점멸의 시간

늦은 밤 체기는 어디서 왔을까
몸 안 깊숙한 곳에 지쳐 쓰러져
가시처럼 자꾸 따끔거리는 걸까
뽑으려고 하면 더 깊숙이 박히는 가시처럼
급체 부위가
몸 안에서 몸 밖을 찌르고 있다
어둠을 문밖에 세워두고
잠들지 못하는 침대와 거실과 서랍들, 그리고 바늘과
식은땀

시간은 점멸의 길에서 부정기적으로 깜빡거린다
몇 군데 편의점을 뒤져 소화제를 사 먹고
깜빡거리는 점멸이 꺼지길 기다린다
사거리에도 심장이 있었다는 걸 본다
한밤을 지나 새벽이 와도 꺼지지 않는 길의 박동
그래, 너 한번 나 한번 번갈아 뛰어보는 심장

뚫려 있는 사통

자동차들은 무서운 속도로 드문드문 달려가고
사거리에 심장 박동을 잠시 빌려 한참을 앉아 있었다
바늘로 손가락 끝을 따듯 저 먼 곳에서
어둠이 쑥 빠져나가는 곳이 있다

키를 빼자 알약을 먹은 듯 자동차 한 대가 새벽잠으로 든다
어제 먹은 것들이 흐릿하게 떠오르고
몸 안의 빈 곳으로 잠이 몰려온다

리뷰

무음도 소리라고
스스로 소리를 끓은 나팔꽃들이 모두 지고
이파리들은 한가하다

더 이상 늘릴 키도 없으니
햇살이 귀찮기만 하다

씨방 밑으로는 험한 꼴이다 말하자면 악플러들의 댓글들이다 뭉쳐지고 비비 꼬인 집요한 나팔꽃의 후기

한 사람이 죽고
꼬일 대로 꼬인 혈육들 같다
스스로 풀 힘도
말끔하게 지울 패스워드도 없다

온 들판과 산에 리뷰들이 한창이지만 어두운 문장으로 서식하듯 방치의 가을이 깊어 가는데

이 공터에 와서
보라색 소리의 맛을 보았으나
말끔하게 포맷(format) 중이다

모서리 증후군

부주의한 무릎엔
욱신거리는 모서리들이 많다
부딪힌 순간엔 어긋나듯 아픈 통증
잠시 감싸 쥐고 있으면
모서리들은 제자리를 찾듯
또 잠잠해지는 것이다

모서리들이 없으면
꼭 맞는 제격들도 없을 것이다
처음엔 욱신거리지만
가만히 있으면 모조리 제 틈을 찾아가는 모서리들
모서리 없이는
반듯한 사각들도 없다는 것
때로는 너무 꼭 맞는 사이들이어서
가끔 삐걱거리는 소리가 나겠지만
잘 맞는다는 것은 한때
모서리들의 사이였다는 것이다

그러니 각을 세우며 드나들던
세상의 모든 모서리들에겐
욱신거리는 무릎이 깃든
찡그린 얼굴처럼
한두 번 접혔던 자국이
선명하다는 것

건배

우리는 마음 깊은 곳에 아직,
금 가지 않은 작고 투명한
소리 하나씩 갖고 있는 것일까

와인을 따르고 건배를 할 때, 유리잔의 3할의 와인과 비어 있는 나머지 유리잔이 내는 아슬아슬하고 불안한 소리가 숨죽이듯 쨍쨍 부딪힌다. 불안할수록 기념을 하고 각오를 다지고 또 한 해 동안이 불안을 나누어 가지듯

결속을 확인하는
얇고 불안한 3분의 2,
그 분량

어떤 분량에서 빠진, 그 분량의 뻐걱거림과 헐거움으로 아슬아슬함으로 우리는 와인의 숙성기간을 맛보며 유리잔을 맞대는 이 결속, 그건 서로가 깨지지 않을 정도의 부딪힘을 잘 알고 있다는 것

비어 있는 분량의 소리로 이어진 관계들로도
밤늦도록 즐거울 수 있다는 것

그러는 사이 달은 또 어느 날
한쪽이 깨진 채로 뜰 것이고

무너지고 싶은 탑
−피사의 사탑

세상에 무너지고 싶은 탑이 있을까?
기울어져 비스듬한 자세로
한 도시를 먹여 살리는 탑이 있다
무너질 듯 무너지지 않는 자세를 보려고
경사진 사람들이 몰려온다
저 기울어진 탑을 똑바로 보려면
누구든 기울어져야 한다
온갖 자기 계발 열풍의 현장마다
저 탑을 불러다 무너지는 처세술 배울 일이다
쓰러지면서 견디는 중인지
견디면서 쓰러지는 중인지 모르지만
묵묵한 치욕으로도 한 시대를 살 수 있는 풍경
요즘은 하루아침에 무너지는
공든 탑들이 너무 많다
천천히 무너지는 방법, 반듯한 방향을 끌고
스스로 눕는 방법에 대해서
탑에 귀 대고 들어 볼 일이다

기울어진 채로 먹고사는 사탑의
무너지는 각도와 속도
견디는 그 속도로
기운다는 것은 똑바로 서기 위한 것이 아니다
더는 감당키 어려운 각도를 향해
불가사의한 인생을 실천하는 중이다
짧게 기우는 시간으로
저마다 사진 몇 장 찍고 돌아들 서는데
어깨와 등이 모두 기우뚱 기울어 있다

예레바탄 사라이*

동전이 도착하는 곳에는
어떤 소원의 풍당거리는 과녁이 들어 있다

생활용수 저장고로 사용했던 지하 궁전, 눈 부릅뜬 신화 속 인물인 메두사 머리에 동전을 던진다 풍당! 물방울을 튕겨도 깜짝 놀라지 않는 눈

기원(冀願)들엔 눈 뜬 것과 눈 감는 것이 있어 어떤 이는 동전을 던진 뒤 눈을 감고 또 어떤 이의 눈빛은 무심하다

거꾸로 서 있는 그 눈을 바라보면 몸이 돌로 굳는다는 전설도 이젠 효력이 없지만 다만 어떤 괴기스러움도 시간이 지나면 살짝, 기대고 싶은 영험이 깃든다 풍당풍당 물방울 튀기는 화폐의 단위로 기억도 나지 않은 기원을 하는 사람들

몇천 년이 지나도 한번 뜬 눈

감지 않고 버티는 것 쉬운 일은 아니다
그동안의 모든 일
눈 감아 달라고
눈 감지 않은 힘에 기원한다

* 터키 이스탄불에 있는 비잔티움 제국의 지하저수조.

나자르 본주

이스탄불 재래시장에서
나자르 본주 팔찌 하나를 샀다
팔목에 차고 온종일 시큰거리는 눈으로
고대 도시를 바라보았다
오후에는 체기를 앓았고
누군가 손끝을 따야 한다기에
죄 없는 바늘을 수소문 끝에 찾아서
실로 묶은 손끝을 찔렀다
손끝에서 새빨간 눈동자가 튀어나왔다
곁에서 보면 푸르스름한
한 방울의 피가
반짝 눈을 뜰 때
캄캄하던 내 속이 환히 뚫렸다

무수한 눈동자가 꿰어진
나자르 본주가 혈관을 돈다

가끔은 아무도 없는 곳에 가서

가늘게 눈 뜨고 악마의 눈을 버려야 할 때가 있다
오죽하면 그 좁은 바늘구멍으로
붉은 눈동자 하나가 나올까
더 늦으면
사람의 몸에서 악마의 눈동자가
뚝뚝 떨어질 때가 있다
악마의 눈동자는
상처를 통해 눈 뜬다

로즈 밸리[*]

일몰에 꽃을 피우는 곳
장미는 없고 장밋빛만 일제히 피어나는
이곳은 오월의 어느 담장인가
일몰의 일가를 이루기 위해
협곡 아래로 늘어선 선홍빛 절벽
날 선 바위들
침식과 바람을 불러
저녁의 한때 꽃피고 있는가

한 가지 꽃으로도,
그 꽃의 빛으로도 뒤늦은 정원을 설계한
사람 이전의 시간
고작 사람의 기후에 시달린 사람들
한 무리 풍화들이 감탄을 자아낸다
거친 기후와 바람은 반길 일이 아니겠지만
풍화가 이토록 아름답다면
묵묵히 받아낼 협곡 하나 갖고 싶다

풍화에 맞서는 것은
모래 덩어리나 식물이나 같다
하루에 한 번씩 피고 지는
저 오후의 정원
꽃 없이 빛으로만 꽃밭이다

* (크즐 추쿠르, kızıl Çukur) 터키 카파토키아에 있는 환상적인 석양을 볼 수 있는 계곡.

4부

춤추는 바위

 우리 마을에는 연대를 알 수 없는 바위 하나 있는데요 참 용도가 다양해요 시계가 없던 그 옛날에 바위에 구름 걸릴 때라는 시간이 있었는데요 그 시간이 되면 뿔뿔이 흩어졌던 사람들이 모여 앉아 새참을 먹거나 땀을 식히곤 했대요 바위는 아주 천천히 헤엄치는 거북이로 지내는 중이었는데요 마을 사람들 그 바위를 영물이라고 섬겼는데요

 산신각 벽에 걸린 탱화 그림처럼 양옆으로 몇 종류 나무를 거느리고 바위에 차려지는 오후의 그늘을 조금씩 뜯어먹곤 했대요 맑은 날이면 들썩들썩 바위가 춤추는 것 보려고 사람들이 몰려들곤 했대요

 바위는 사람들의 성전이었던 셈인데요 마을에 큰길이 나고 길은 그 바위를 지나갈 때 그때 마을 사람들이 다 보고 말았는데요 거북이가 느릿느릿 걸어 나가고 또 그 이전에 깃들었던 짐승이 나가고 춤추던 나무들이 베어지고 온갖 염원들이 쏟아져 나왔대요 그 염원들은 다시 원래의 주인들을 찾아 들어가 근심이 되고 말았다 하네요

탈수

떨어지는 열매들은 모두
흘러내리는 모양으로 자란다
밭고랑을 헤집고 들어오는 손은 붉은 계절일까
역행의 계절을 앞에 두고 저절로 떨어진다
태풍이 지나고 밭고랑에 가득한 풋고추들
때 이른 바닥의 수확이 밍밍하다
매운맛으로 가는 중이었다고
더 매워지기 싫었다고
한 입 베어 물면 그래도 얼얼한 맛이 난다

씨앗보다 더 매운 태풍이 가득 들어 있고
꼭지 없는 맛이 난다
열매들, 나무가 지탱할 만큼 남고 떨어지라고
빠져나가는 길을 고랑으로 두는 것이다
고추도 뙤약볕도 무거웠을 것이지만
밭에는 농작물들은 없고 온갖 설치뿐이다
뼈대 같은 지지대가 있고 줄이 띄워 있지만
그 어떤 설치도 후두두 떨어지는 자동식 탈수는 막지

못했다
  밭고랑 앞에 쭈그리고 앉은 한숨에도
  매운맛은 없고 흰 연기만 흩어진다

  매워지는 고추보다 더 약이 오른 아버지
  등은 더 굽어지고 몸은 점점 탈수되고 있다
  모처럼 해가 반짝한다
  빨래처럼 아버지 주름, 탁탁 털어 드리고 싶은 날
  밭들이 꾸덕꾸덕 마르고 있다

그림자의 집

 아버지가 지은 집은 뒷산의 협력이 있었고 남향의 묵인이 있었다 날마다 그늘은 집을 돌고 돌았다 마당의 감나무까지도 햇빛의 반대 방향으로 그림자가 고양이처럼 돌아다녔다 함석지붕은 장마의 서식지였고 하늘의 뜨거운 아랫목이었으며 내 운동화가 잘 마르던 즐거운 건조대였다 지금 그 함석지붕엔 노을이 묻어 있고 곧 어둠에 허물어질 것이다

 집은 그 집 식구의 평수다 한 번 불탄 집의 평수는 다른 곳으로 버려지고 다시 지어 넓힌 그 넓이로 우리는 자라고 점점 멀어졌다 결국, 텅 빈 평수가 될 때까지 집은 사람의 자취로 흥하고 쓸쓸함으로 가득 찬다 식구가 줄어들면서 마당 빨랫줄에 걸쳐져 있던 바지랑대는 일렬로 맺힌 빗방울을 받치고 있다 마루는 말없이 때가 끼고 방문들은 시큰둥해졌으며 감나무는 저 스스로 집안 사정을 감안해 풋감을 서둘러 떨어뜨렸다

 아버지는 쓸쓸한 평수다 우리는 오래전부터 그 집을

아버지의 집이라 불렀고 지금도 그 집엔 아버지가 산다 그러나 누구도 이 쓸쓸한 평수를 상속받으려 하지 않는다 다만 그림자만 구박받던 형제처럼 그 땅을 떠나지 않고 있다

왼호미

헛간에 걸려 있던 호미로 고구마를 캤다
아무리 날카롭게 벼린 호미라도
그 끝이 뭉툭해지면서 파란 하늘 언저리라도 헤집은 양
호미 끝은 어느새 맑게 바뀐다

당신은 너무 반질반질해서
땅속의 구근들도 잘 드러나지 않는다
서툰 호미질에도 밭이 자꾸 기우는 것이
언젠가 당신이 쓰러진 쪽 같다
손잡이는 같은데 오늘 내 손에 들려 있는 것은
당신의 왼호미다

이 불편한 날을 세우고
밭고랑은 길기만 하다

서툴게 캔 고구마에 상처를 내고 보니
왼손잡이였던 당신의 잔소리가 새삼 뜨끔거렸다
오른손으로 누르고 있던 왼쪽 가슴

호미의 날 하나를 떼어낸 지 오래다
가끔 왼쪽 가슴이 뜨끔뜨끔했던 이유를 알 것 같다

긁는 소리만 늘 요란했던
잔소리는 왼호미의 날로 뭉툭하게 남아 있다
서툰 잔소리였다는 것을 지금에야 알아차린다

오른손으로 숨겼던 것들
밭고랑에서 오른쪽으로 힘을 주었는데
당신은 모두 왼쪽으로 흠집이 나 있다

얼지 않는 밥

집안과 집 밖의 온도 차이엔
누군가 부어놓은 사료와 한 그릇의 물이 있다

물에는 까슬한 살얼음이 끼었다 그 또한 깃들 곳 없는, 온순한 추위가 찾아든 것이라고 하면 한 겹 얼음은 한 겹 햇살에도 할짝할짝 녹을 것이다

불빛은 웅크리지 않지만 어둠은 바짝 웅크리는 법을 안다 골목의 깊숙한 틈은 비좁고 밤의 창문을 밝히는 불빛들은 넓다

밥은 얼지 않아서 다행이다 저 밥은 어떤 추위도 다 이겨낼 수 있는 따뜻한 말처럼 보인다

아침은 각각의 빛으로 오고 저녁은 비스듬한 문틈으로 사라진다 그때 슬그머니 와 웅크리고 앉아 오도독오도독 사료 알갱이를 먹는 동안 옆의 물그릇은 잠시 살얼음 어는 일을 미루고 있다

얼지 않은 밥, 따뜻한 밥은 동글동글하다

수성사인펜

장마의 뒤끝 붓꽃 몇 송이가 부러져 있고
드문드문 비어 있던 연못 주위로 초록이 짙게 묻어 있다
언젠가 세탁이 끝난 빨래에 묻어 있던
푸른색 수성사인펜 색깔 같다
특정한 곳을 가리지 않는 색의 범람이 물들여 놓은
쏟아진 문자들 같다
폭염은 빨랫줄로 모여들고
모든 문자를 소진한 수성사인펜이
몰락한 사원의 기둥처럼 서 있다

흰옷에 번져 마르고 있던 푸른 반점은
물살의 불립문자였을까
어느 주머니에서 나와 구겨진 문장들
부딪치던 물살과 옷감의 언어였을까
바람이 불면 뼈 없는 주어(主語)처럼 흔들렸었다

모다깃비가 지나간 뒤끝 나무들의 전리층 사이로
푸른 바람의 영역이 늘어간다

긴 시간 뿌리가 잠겨 있던 잉크병은 기울어지고
오래된 이름은 꽃잎으로 떨어지고 꽃대는 말갛게 씻겨 있다
물기 대신 햇볕이 번져가고
제 몸을 비운 그늘은 누운 채 초록을 콸콸 쏟고 있다

물 위에 쓰이고 있는 얽힌 문장은
그늘을 닮았는지 온통 흑백이다

가을의 지지율

가을이 오면 산과 들판의
지지율이 떨어진다
모든 지지율이 수직 낙하하고 바닥은 무거워진다
지고 떨어지는 것들의 고비
꽃이 지고 꼭지가 병들고 모두 쌀쌀하여
전성기들은 바닥의 힘으로 다시
기꺼이 떨어지는 계절이다

나무들은 마냥 흔들리는 지지기반
점점 붉어지거나 앙상하게 그 판세가 기운다
혁명이 끝나고 난 곳들엔
붉은 투쟁 다 떨어지고 앙상해진 재건이 남는다
늙고 쓸쓸한 혁명가의
꽃은 아래서 위로 피어나고
단풍은 위에서 아래로 물들어 온다고 했으니
봄과 가을의 지지율이 다른 것은 당연한 일

온전한 시간을 보내고

떨어지는 지지율의 정체가 천천히 풀린다
미련이 없어서 꽃과 나뭇잎이라고 들은
어느 가을의 격언이 생각났다

떨어지고 나서야 떨어진 사람이 보이듯
늦가을 태풍이 지나간 산의 능선들
잎이 다 떨어진 나무들 사이로
긴 그래프를 그리며 이어져 있다

내가 본 것은 가을이 아니다

석이버섯

고지대에서 따온 버섯에서
서걱거리는 바람 소리 들린다
몸에 붙은 바람을 털어내다 말고
가만히 들여다보니 바위의 각질 같다
아니, 오래 묵은 암벽의 누추한 옷가지 같다

고요한 숲속의 나무는
각질을 밀어내며 자라고
바위는 얇은 각질을 밀어내며 조금씩
그 부피가 줄어드는 것이다

비가 오면 바위에는 먼지가 돋는다
그것은 매번 구름을 불러 벗기는 하늘에게서 배운 일
바위의 미세한 포자는 바람에 날리고
절벽과 허공 사이로
빗방울이 바람에 또르르 말린다

세상에 어떤 바위든

자의적으로 자리 잡은 것은 없다
한 번쯤 다 굴러본 경험으로
기암(奇巖)이다

석이버섯을 물에 불리면
어느새 바위도 이렇게 부드럽게 물러진다
말대로라면 산 아랫마을 사람들은 모두
저 큰 바위를 조금씩 먹었다

바위도 이렇게 사라진다고 말해준 사람은
아무도 없다

칡 이야기

일생을 땅속에서만 사는 뱀이 있다
동굴은 점점 커진다
잡히는 것을 싫어해 누군가 잡으면
뚝, 꼬리를 끊고 사라진다
땅속에서도 문을 찾아 끊어진 꼬리들은
더 깊은 땅속으로 숨어들어 은둔한다

최초의 뱀은 두 종류였다
꽃을 달무리 한 뱀
꼬리를 달무리 한 뱀
다른 뱀과는 달리 꼬리로 섭생을 하고
보라색 꽃을 피우기도 한다
깊이 파고들수록 꼬리밖에 없는
여름 넝쿨 밑은 바짝 독이 올라 있다

한여름 길옆으로 나오는 뱀
긴 줄기를 가지고도 길을 건널 수 없다
칡넝쿨 밑엔 이빨들이 많이 있다

질긴 뺌으론 바구니를 만들고 곡식의 단을 묶기도 했다
묶어놓은 단들은 스르르 풀리기도 한다
혀들이 줄기를 타고 오른다
혀로 찾아가는 길
수십 장의 채광창을 만든다
넝쿨진 혀들이 보랏빛을 뱉어 놓는다
서로 엉켜서 살아야 하는 혀들이 있다.

버스 갤러리

늦은 밤 장거리 버스 한 대가 신호에 걸려 있다
사람들은 저마다 차량 하나씩 가지고 있다
멀고 먼 졸음에서 막 돌아온 듯한
한밤의 풍경화들이 걸린
갤러리를 보는 것 같다
고개를 숙이고
의자 깊숙이 몸을 맡긴 사람
유리창에 일그러진 잠을 자는 사람
각자의 구도에 봉인된 듯
무표정으로 창밖을 응시하고 있다
한 곳의 목적지를 정하고 함께 흔들린 사람들
전시장 조명 같은 한밤의 채색
어둠이 찍어놓은 불빛 아래 모두의 도착지가 가깝다

액자 하나씩 걸고
도착하기 위해 혹은 떠나기 전의 갤러리
짧은 전시, 클로즈업된 표정 하나
얼굴 전시장은 또다시 얼굴을 끌고 간다

달리는 속도와 정차된 속도를 동시에 지니고
미세한 진동의 힘으로 어디를 가고 있을까

액자 속 풍경은 시동에 걸려 있는 듯
선잠이 들었다
나도 언젠가 저런 액자 속을 드나든 적 있다
버스가 떠난 후 건너편 신호등에
사람의 얼굴이 지워지고 있다

재활용의 봄

장례식장에서 들려 나온 조화(弔花)가
다시 장례식장으로 실려 가고
목련도 해마다 조문을 다녀오는지
올해는 전년보다 꽃송이가 더 줄었다

3월 어디쯤에서 시들거나
빈자리를 골똘하게 골랐을 목련 꽃송이들
시든 꽃들을 뽑아내고 싱싱한 꽃들로 바꿔친,
어느 장례식장 목련실로 실려 갈
저 환한 봄
한 나무 아래에서 여러 번의 봄과 마주치듯
봄은 다만 꽃송이를 바꾸는 철인 것일까

뭐 어때,
한 그루 목련나무 아래서
몇 번의 고백을 바꿔치기하던 친구처럼
다시 봄을 끌고 온 목련
바꾸지 않으면 연애라는 말도 없다

장소와 풍경이 봄마다 연애하는 사이
장례식 꽃이 아름다워지는 시기가 되었다

나이 든다는 것은 마당 가의 꽃나무들 때문이다
두근거리는 봄은 늘 혼자가 아니고
숨어서 지켜보는 이별 때문이다

멀리서 보니 재활용이 봄을 활용하는지
봄이 재활용하는지
봄이 목련을 솎아내고 있다

폐가 조립법

반쪽 무너진 폐가를 놓고
원래의 기둥과 지붕을 복원하려 한다
폐가든 폐허든
시간의 골조, 그 존재를 확인하는 일이다
죽은 사람이 성전처럼 조립했던 집
그 사람과 가장 가까웠던
늙수그레한 동네 목수를 불러다
천천히 재조립하려 한다

처음 지었던 그 솜씨로 허물어진 집을 복원한다

지붕이 사라진 후
소나기에 흙벽이 조금씩 무너지던 집
그 행간 사이로 드러나는 앙상한 수수깡은
해진 셔츠 사이로 드러나던
가장의 갈비뼈를 여전히 닮았고
군데군데 잘게 잘린 남루한 볏짚도 보인다

반듯함이 허물어지는 시간
참 기둥처럼 지루한 시간이었을 것이다

쓰러진 한 그루 나무가 썩어
풀숲과 흙 속으로 천천히 조립해가는 방법의 뒤끝에는
다시 복원되는 귀뚜라미 소리가 있을 것이다

위로하듯 다시 기둥을 세워놓고 보니
집은 묵직한 슬픔이 있었던 쪽으로 무너지고 있던
커다란 것이 보인다

망태버섯

 장마가 지나간 대나무 숲 망사 그물이 버섯 몸통을 싸고 있다 한참을 살펴봐도 망태는 무엇을 가두려는 것인지 아니면, 무엇을 얽어매려 하는 것인지 모르겠다 바람이 숭숭 헐렁한 그물 안에는 지독한 냄새만 갇혀 있다 하루에 돋아나 하루에 허물어지는 그물이 대밭 여기저기에 수두룩하다 축축하고 짧은 냄새는 얼마 못 가는 소멸의 시간 그러니 제발 내버려두라는 듯, 키가 큰 대숲 소리를 채집하는 망태버섯

 단 하루의 생을 옭아매며 스스로가 포착하는 생 부생균으로 살아가는 망태는 스스로 망태 그물을 걷고 흔적도 없이 객사했다는 망태 아저씨를 생각나게 한다 한여름 눅눅한 대숲에 들어가 보면 그 옛날 망태에 담아 잡아갔다는 아이들 같기도 하고 작년에 죽은 대나무들이 내는 집게 소리 같기도 한 으스스한 이야기들이 음지에서 자라고 있다 망태버섯이든 죽은 대나무든 또는 망태 아저씨든 따져보면 다 머리가 무거운 생들이다

| 해설 |

먼지와 시, 그리고 날씨에 관한 구매 후기

정재훈(문학평론가)

현실의 세계와 시의 세계 사이에서 시인은 살고 있다. 그는 시의 세계를 대리한다. 그는 시의 세계를 위해 시를 쓴다. 시는 시인을 떠나 시의 세계로 가버리고 시인은 현실에 홀로 남는다. 두 세계의 가운데서 시인은 고독하다. 다음 순간 새로운 시가 그에게 오지만, 다시 그를 떠나 시의 세계로 가버린다. 그러면 시인은 다음의 시가 올 때까지 다시 고독하게 홀로 머문다.

— 막스 피카르트, 『인간과 말』 중에서

프랑스 작가, 파스칼 키냐르의 『옛날에 대하여』에는 이런 이야기가 있다. 네덜란드 화가인 헤릿 다우(Gerrit Doe, 1613~1675)의 괴벽에 관한 것이다. 그는 아버지에게 처음 판화를 배웠고, 훗날 렘브란트의 제자가 되었다. 독신으로 여생을 보낸 그는 여러 가지 괴벽이 있었다고 한다. 키냐르의 말에 따르면 그는 아마 세상에서 가장 느린 화가일 것이다. 그의 괴벽 중에는, 자기 작업실에 먼지가 내려앉기를 기다리는 버릇도 있었는데 그렇게 테이블에 먼지가 뽀얗게 쌓이고 나서야 비로소 그림을 그리기 시작했다는 것이다. 키냐르는 이야기를 정리하며 이런 질문들을 했다. 다른 사람들이 볼 때 그는 허송세월만 보내는 것 같지만, 사실은 다음번에 그리고자 하는 그림이 자신의 내면에서 무르익기를 기다렸던 것은 아니었을까? 그리고 먼지를 날리는 어떤 움직임도 잦아들기를 기다린 것은 아닐까?[1]

　기다림은 모든 예술에 있어 숙명과도 같다. 회화도 그러하지만, 시도 마찬가지다. '시인'은 현실의 세계와 시의 세계 사이에 두 발을 걸치고 서 있다. 그 이름을 짊어지는 순간부터 경계에 발을 내미는 것이다. 그곳에 서야만 "비로소 보이는 것들"(「비로소」)이 있고, 그것들로부터 시작(始作/詩作)된다. 하지만 고독하고 고통스러운 습작기를 견뎌 그렇게 간신히 몇 개의 단어들이라도 건져 올린다 한들, 생경한 말들의 생명은 조금만 시간이 지나면 쉽게 꺼지기 일쑤였을 테다. 그 말들은 시의 세계에서부터 현실 너머로 잠시 온 것들이며, 아직 명명되지 않은 찰나의 흔적과 같다. 이곳의 생리와는 전혀 맞지 않기 때문에, 현실의 어법과 관습에서 볼 때 너무나 이질적인 것이라서 그 말들은

---

[1] 파스칼 키냐르, 송의경 역, 『옛날에 대하여』, 문학과지성사, 2010, 199~201쪽.

언제든 현실로부터 등을 돌려 자신들의 세계로 몸을 숨긴다.

  그러니, 기다리는 수밖에 없지 않겠나. 이서화의 이번 세 번째 시집도 시인 스스로 내면이 무르익기를 기다리고, 어떠한 움직임도 잦아들기를 기다린 끝에 비로소 나온 것 같다. 날씨를 샀다는 것, 어찌 보면 너무나 단순한 표현 같지만 가만히 곱씹어보면 그렇지만도 않다. '날씨'가 무엇인가. 인간이 어찌할 수 없는 섭리다. 그리고 '샀다'는 것은 어떤 대가를 지불하고 자신의 것으로 취한다는 의미다. 이 '날씨'와 '샀다'라는 서로 이질적인 의미를 테이블에 먼지가 쌓일 정도까지는 아니더라도, 더 생각해 본다면 '어찌할 수 없음' 같은 것들이 떠오른다. 마치 내가 샀던 포춘 쿠키 안에 든 운세 종이처럼 말이다. 무엇을 샀다고 하여 내가 그것의 완전한 주인이라 할 수 없는 상황도 있다. 그저 바람에 따라 여기저기 펄럭였을 옷감(「바람의 집」)처럼 예측할 수 없는 무언가에 감정을 한껏 실어보겠다는 자유로움만 있다면 딱히 이해 못할 것도 없으리라.

    오래 걸려 있던 액자 위로
    손가락을 그어본다
    숨어 있던 사선이
    손끝에 먼지로 묻어난다
    그 미세한 층의 먼지 속에는

참 여럿의 시간이 뒤섞여 있다
책상 모서리와 말라죽은 화분의 식물
방금 외출을 끝낸 외투의 귀가도 섞여 있다
먼지 속에는 시대와
종류를 가리지 않는 혼합성이 있다
한 가지로 된 먼지는 없다
섞임과 섞임을 거쳐서
내려앉은 한 겹의 먼지란
두루두루 친밀하다
종을 따지지도 않고
방향을 따지지 않는다
다만 부서지고 흩어지는 것들이라면
그 무엇도 먼지에 동참할 수 있다

한 줄기 빛 사이로
반짝이는 먼지의 숨
부유하는 것들의 층층에는
얇은 날개들이 숨어 있다
옷을 탁탁 털면
내 몸이 내 몸을 급히 떠난다

-「먼지의 힘」 전문

시집에는 날씨와 계절들이 다채롭게 펼쳐져 있지만, 그

틈에 이렇게 보이지 않는 '먼지'층도 발견된다. 그나저나 '먼지의 힘'이라니, 이건 과연 무슨 힘이란 말인가. 우선, 시의 첫 장면에 나오는 "오래 걸려 있던 액자"의 그림에 대해 상상해 보자. 앞서 예화에서 든 헤릿 다우처럼 창작을 하는 데에 오랫동안 시간을 들이는 경우도 있지만, 또 한편으로는 이미 오래전에 만들어진 예술 작품이 그만큼의 시간이 지나서 더욱더 가치가 높아지는 경우도 있다. 그렇다고 액자 속 그림이 정말로 어떤 명작일리는 없다. 이어서 그림 위에 손가락으로 사선을 긋는 장면을 덧붙여 보자. 위 시의 화자는 그림을 손가락으로 만졌다. 하지만 만약 먼지가 없었다면 그 접촉은 이후에 눈에 띄지 못했으리라. 이렇듯 먼지는 시간의 층위를 형성하여, 이후에 있을 접촉(작품을 감상하는 것과 같은)을 기다리다가 마침내 그 순간을 흔적으로 증언함으로써 힘을 발휘한다.

그럼 이후에 드러나는 먼지의 또 다른 힘은 무엇일까. 바로, '뒤섞임'이다. 먼지는 다양한 상황에서 발생한다. 실제로도 그렇다. 먼지를 일으키는, 혹은 먼지가 달라붙는 대상도 천차만별이다. 어디든 붙는다. 사람이나 동물, 사물 모두 가리지 않는다. 이렇듯 시인은 "한 가지로 된 먼지는 없다"는 것을 구태여 상기시킴으로써 그만큼 이곳이 서로 다양하게 공존하는 세계라는 점을 부각한다. 여기까지 말하면 분명 누군가는 고작 먼지 따위에 너무 지나치게 의미부여 하는 거 아니냐고 할 수도 있겠다. 하지만 앞서 언

급한 키냐르에 따르면, "지구, 별들은 어둠 속으로 쏟아지는 최초의 폭발의 먼지"(201쪽)라는 점에서 이것은 곧 생명의 터전을 탄생시킨 최초의 물질이며, "정상적인 대기의 공기보다 효과가 덜하거나 덜 투명한 공기 같은 것"(205쪽)이다.

별을 탄생시키는 최초의 먼지, 불투명한 공기처럼 뒤섞이고 부유하는 것들은 바로 위 시에서의 "부서지고 흩어지는 것들"이다. 이것은 '시'의 습성이기도 하다. 현실 세계의 어법과 관습에 의해 쉽게 부서지기도 하지만, 어떠한 의미로써 고정되지 않아 흩어지기도 하는 것이 바로 '시'다. 또한, 일상 곳곳에서도 부서지고 흩어지는 것들을 쉽게 마주할 수 있다. 시집에 실린 또 다른 시 「청춘」에서는 장롱 정리를 하다가 어릴 때 입은 원피스 하나를 발견하게 되고, 거기에 버무려져 있는 "좀약 냄새"와 "색 바랜 꽃무늬"를 통해 "어느새 작은 세계"의 겹과 겹 사이를 통과하는 장면이 나온다. 부서지고 흩어진 청춘의 흔적들이 시적 상상력에 의해 한껏 떠오르면서 그 시절의 표정과 지금의 것이 뒤섞인다. 그때 그 시절의 작은 세계가 마침내 우주만큼이나 팽창하는 순간이다.

크레이터,
저 멀리 칠레나
아르헨티나

달의 어디쯤인 것으로 알았다

암으로 가슴을 절개한 친구가 움푹 파인 근황을 들고 찾아왔다 봉긋한 마음을 열어 보일 때마다 움푹 파인 곳에서는 부연 먼지가 피어올랐다 한때는 끓이거나 볶지 않아도 몇 명의 아이들 배불리 키워낸 곳이었지만 이젠 그럴 일 없다고 웃었다

여진으로 섬 몇 개쯤은
밀물이 사라지고 썰물들이 휩쓸렸을 것이다

먼 곳에서 운석이 떨어진 자리 같은, 조만간 저곳에 물길이 찾아들어 찰랑찰랑 호수가 되고 풀이 돋고 버드나무가 자랄 것 같다

지구의 모든 크레이터, 젖먹이 서넛쯤 먹여 키운 가슴이 있던 자리 같다

크레이터가 몸에 생기고 친구는
자주 움푹움푹 발이 빠질 때가 있다고 한다

저 가깝고도 먼 나라

－「크레이터」전문

"크레이터"는 우주의 거대한 섭리에 따른 흔적들이다. 행성과 행성, 또는 운석 간의 거대한 충돌로 인해 움푹 파여서 겉으로 보면 마치 흉터처럼 보이기도 하지만, 시간이 흘러 행성 표면에 생기게 될 짙은 빛깔의 여백이자 굴곡진 행간은 독특한 무늬를 자아내며 관측자에게 더할 나위 없는 즐거움을 선사했을 것이다. 지구 밖의 여러 행성들을 관측하는 과정은 일반인들이 생각하는 것보다 훨씬 더 복잡하다고 한다. 단순히 별만 보는 게 아니라, 날씨와 온도, 습도, 풍향과 풍속 등 모든 것을 기록하면서 관측한다는 것이다. 천문학자가 밤하늘을 올려다보고 행성을 관측하여 기록한다면, 시인은 일상을 둘러보며 누군가의 삶을 언어로써 기록한다. 시인에게도 가끔은 불쑥 "사람 속에서 사람이 튀어나오기도 하는"(「사람이 숨은 사람」) 상황이 펼쳐지기도 했을 것이다.

불쑥 튀어나와 눈앞에 무언가가 펼쳐지는 순간이 당혹스럽기보다는 아름답게 느껴질 때가 가끔 있다. 어쩌면 '시'를 마주한 순간도 그런 게 아닐까 싶다. 봄의 속셈(「속셈」)만큼이나 시의 속셈도 알 길이 없다. 그토록 원했던 '시인'이라는 이름을 짊어지기 시작했음에도 문득 과연 '시'란 무엇인지 도무지 알지 못해 보내야만 했던 무수한 습작의 밤이 있었을 것이다. 밤하늘에 무수히 많은 별들 가운데에서 어느 쪽으로 망원경을 설정해야 하는지 짐작도 못하는 것처럼 말이다. 위 시의 '크레이터'라는 공간도 처음에는 그저 추상적인 공간에 불과했을 것이다. 단순히 "저 멀리"에 있거나, "달의 어디쯤"에 있을 것이라고만 생각했을 수도 있다. 하지만 시인의 눈앞에서 드러난 짙은 빛깔의 여백과 굴곡진 행간은 지구 바깥이 아니라, 지구 안에, 그것도 자신 곁에 있었다.

"암으로 가슴을 절개한 친구"의 "움푹 파인 근황"은 현실 세계에서 말하는 '유방암'을 시적으로 가리키고 있다. 시인에게 이 불쑥 튀어나온 근황은 차가운 병명(病名)으로써가 아니라 '크레이터'라는 짙은 여백과 굴곡진 행간으로 다시 쓰인다. 시의 세계에서 '유방암'이라는 맥락은 그간 친구가 견뎠을 고통과 공포를 넘어 그 이후까지도 상상하도록 허용한다. 다만, 상상이라 하여 그것에 대해 억측하거나, 지레짐작을 하라는 의미는 아니다. 그저 앞으로 "자꾸 움푹움푹 발이 빠질 때"가 많아지리라는 예감은 할 수 있지만, 그렇다고 해서 그 친구가 이곳에 남기게 될 걸음의 문양까지 완벽하게 재현하는 것은 불가능한 일이다. 시인은 '크레이터'라는 황량한 땅에 다시 물길이 생기고, 나무가 자랄 것이라 상상하지만 그럼에도 그곳은 앞으로도 "가깝고도 먼 나라"가 될 것이다. 시인은 딱 거기까지만 서서 바라볼 뿐이다.

    고지대에서 따온 버섯에서

서걱거리는 바람 소리 들린다
몸에 붙은 바람을 털어내다 말고
가만히 들여다보니 바위의 각질 같다
아니, 오래 묵은 암벽의 누추한 옷가지 같다

고요한 숲속의 나무는
각질을 밀어내며 자라고
바위는 얇은 각질을 밀어내며 조금씩
그 부피가 줄어드는 것이다

비가 오면 바위에는 먼지가 돋는다
그것은 매번 구름을 불려 벗기는 하늘에게서 배운 일
바위의 미세한 포자는 바람에 날리고
절벽과 허공 사이로
빗방울이 바람에 또르르 말린다

세상에 어떤 바위든
자의적으로 자리 잡은 것은 없다
한 번쯤 다 굴러본 경험으로
기암(奇巖)이다

석이버섯을 물에 불리면
어느새 바위도 이렇게 부드럽게 물러진다

말대로라면 산 아랫마을 사람들은 모두
저 큰 바위를 조금씩 먹었다

바위도 이렇게 사라진다고 말해준 사람은
아무도 없다

-「석이버섯」 전문

가깝고도 먼 곳이라면 '자연'도 빼놓을 수 없다. 그곳은 마치 공기나 바람처럼 당연하게 있는 것 같지만, 정작 그것에 가까이 다가가려 하면 우리는 먼 거리임을 실감하게 된다. 자연의 시간은 '크레이터'처럼 황량했던 땅에도 생명을 심어놓는다. 언젠가 불었던 "서걱거리는 바람 소리"의 여백과 행간 사이에는 야생에서 들었을 법한 "뾰족한 울음"(「궁지라는 것」) 같은 불특정한 소리도 뒤섞였을 것이다. 녹록지 않았을 자연의 시험을 견디며 자신에게 주어진 그 한없는 무게를 밀어내면서 '생명'의 자격을 증명하는 일이 어디 인간에게만 주어진 것일까. '미물'로 불리든, 아니면 바위와도 같은 '무생물'이라 일컫는 것들도 증명의 기회는 저마다 동등하게 주어진다. 시인은 그래서 "세상에 어떤 바위"도 저마다 "한 번쯤 다 굴러본 경험"이 있었을 것이라 말한다.

이렇게 굴러본 경험이라는 것은 일종의 배회이며, 세상에 스스로 존재감을 드러내는 일이다. 바위에 생긴 각질이 벗겨지듯 목소리에도 껍질이 나와, 조금씩 그렇게 닳고 닳았던 먼지와 같은 말들이 공중에 흩어지고, 어느새 그 언저리에 "간질간질 꽃이 피는 중"(「이마는 봄처럼 따뜻하고」)이다. 석이버섯의 "미세한 포자"도 마치 먼지처럼 절벽과 허공 사이를 부유하다가 낮고 습한 곳으로 내려앉는다. 깊은 산속에서 자라면서, 부드럽지만 말리면 가죽처럼 질겨지는 이 특이한 버섯은 단순한 시적 소재에만 그치지 않는다. 겉은 잿빛이라 거기에 숨겨진 문양을 언뜻 봐서는 짐작하기가 어렵고, 안쪽은 거칠거칠해서 이곳 현실 세계의 매끄러운 말들과는 차이가 있다. '시'도 그렇다. 부유하면서 나와 너의 간격 어딘가에 자리 잡아 특유의 질긴 생명력을 보여주다 이내 그것은 다시 깊은 어둠 속으로 몸을 숨긴다.

순간으로 나타났다 사라지는 "바람의 언어"(「실뜨기」)는 너와 나를 "벙어리로 만드는 말"이고, 그렇게 우리에게 주어진 질문들은 이내 또 다른 질문들로 자라난다. 현실 세계의 매끄러운 말로 표현되기 어려운, 또 이곳의 문법과 관습으로는 붙잡을 수 없기에 쉽게 대답할 수 없는 질문들. 그래서 "손과 손을 건너다니는 말"이 단지 '실뜨기'를 묘사하는 것만이 아니라, 어쩌면 '시를 쓰는 손'과 '그것을 읽는 손'을 함축하는 것인지도 모르겠다. 두 손 모두 머뭇거림만 있을 뿐, 소통을 위해서만 쓰이는 이곳 세계의 말은 필요치 않다. 손과 손 사이에 부유하듯 떠다녔을 '시'는 머뭇거림과 침묵 속에 내려앉아 "수만 가지의 무늬"를 자아낸다. 위 시에서 석이버섯이 "산 아랫마을 사람들"에게 일용한 양식이 되었듯 '시'도 그렇게 누군가에게 귀한 양식이 되리라.

시인은 오늘도 외출했을 것이다. '석이버섯'이 자랐을 깊은 산속까지는 아닐지라도 마음이나마 이곳 현실 세계 바깥을 배회하려 했으리라. 이따금 마음에 드는 날씨를 하나 사서, 거기에 깃든 생의 의미를 가만히 곱씹어 봤을 테다. 겉으로만 봐서는 결코 보이지 않는 감춰진 "내면"(「가을의 내재율」)을 '시인'의 자격으로 마주했을 것이다. 현실 세계에서 흔히 생각하듯, 무언가를 샀다고 하여 언젠가 그것이 효용과 가치가 소모됨으로써 이내 버려질 것이라 예단해서는 안 된다. 그것을 샀으니 내가 주인이라고 말하기 이전에 그것을 산 순간 짊어져야 하는 책임이 있다는 점을 알아야 한다. 그렇게 날씨를 하나 샀다면, 우리는 이제 촉감과 미각을 비롯한 모든 감각을 동원하여 그 의미를 경험해봐야 할 것이다. 아직도 그 안에서는 여전히 쉬지 않고 움직이는 낯선 의미들이 있다. 자, 이제 구매 후기를 들었으니 당신도 지금 당장 밖으로 나가 마음에 드는 날씨 하나를 사라.

시인수첩 시인선 053
날씨 하나를 샀다

ⓒ 이서화, 2022

초판 1쇄 발행 2021년 11월 22일
초판 2쇄 발행 2022년 5월 25일

지은이 | 이서화
발행인 | 이인철

펴낸곳 | (주)여우난골
주   소 | 서울특별시 강남구 언주로30길 27. 606호 (도곡동 우성리빙텔)
전   화 | 02-572-9898
팩   스 | 0504-981-9898
등   록 | 2020년 11월 19일 제2020-000328호

블로그 | blog.naver.com/seenote
이메일 | seenote@naver.com

ISBN 979-11-976430-1-9 03810

이 시집은 한국문화예술위원회의 2019년도 아르코 문학창작기금 지원사업에 선정되어 발간되었습니다.

이 시집은 〈2022년 문학나눔 도서보급사업〉에 선정되었습니다.

* 파본은 구매처에서 바꾸어 드립니다.